HEBREW — Primer

עִבְרִית – אַלְפוֹן

BEHRMAN HOUSE

Lois Rothblum
Bella Bergman
Ora Band

HEBREW

A language course

Primer

אַלְפוֹן

BEHRMAN HOUSE, INC.

Project Coordinator *Priscilla Fishman*

Illustrations copyright © 1987 by *Moshe Arzt*

Library of Congress Cataloging in Publication Data

Hebrew: a language course = ['Ivrit].

"Primer" by Lois Rothblum,
Bella Bergman, and Ora Band.
Includes indexes.
Contents: v. [1] Level 1 —v. [3] Level 3.
1. Hebrew language—Grammar—1950- . I. Bergman,
Bella. II. Band, Ora. III. 'Ivrit. IV. Rotholum, Lois.
PJ4567.3.H4 1981 492.4'82421 81-12245
ISBN 13: 978-0-87441-463-9

11 Edison Place, Springfield, NJ 07081
www.behrmanhouse.com
Manufactured in the United States of America

TO THE STUDENT

The History of the Hebrew Language

Hebrew is a member of the Semitic family of languages. In antiquity the people who spoke Semitic languages inhabited the area known today as Iraq, Lebanon, Israel, Jordan and the Arabian Peninsula. In Biblical times the Israelites believed that the inhabitants of these regions were descended from Noah's son, Shem. The word Semitic is derived from the name Shem, and though it is not a scientific term it has been adopted by scholars.

Of the five main branches of Semitic languages — Hebrew, Arabic, Aramaic, Akkadian, and Ethiopic — only Hebrew and Arabic are spoken today by a large number of people.

In the Biblical period, the Israelites who settled in the land of Canaan (Palestine) spoke a dialect of Canaanite known as Hebrew. These Israelites spoke and wrote "the language of Canaan" (Isaiah 19:18) — Hebrew — until the Babylonian exile in 586 B.C.E. Most of the Bible was composed in Hebrew. This earliest form of Hebrew is known as **Biblical Hebrew**. Recent excavations have disclosed examples of Hebrew dating from the fifteenth century B.C.E. These writings show how closely related Biblical Hebrew is to other ancient Semitic languages.

During the Babylonian exile (586–538 B.C.E.) Hebrew was highly influenced by another Semitic language, Aramaic, which was the **lingua franca** of the Near East. Thereafter, Aramaic grew in influence, especially in urban areas like Jerusalem and among the aristocratic and commercial classes. Hebrew, on the other hand, continued to be the language of the rural population which constituted the majority of the people. Though Aramaic was the spoken language among the urban population, most of the official and administrative documents were written in Hebrew. The language used in official documents laid the groundwork for the legal language that was later used in the rabbinical academies in Palestine. By the end of the Biblical era, around 450 B.C.E., both Hebrew and Aramaic were used freely in Jewish Palestine.

The Hebrew language developed rapidly between the first and third century of the Common Era. We refer to this Hebrew as **Mishnaic** or **Rabbinic Hebrew**. The scholars of this period, known as Tannaim, commented upon and expanded the laws found in the Bible. The literature they produced is called the Mishna, the Tosefta, and the early Midrashim. The Mishna and the Tosefta are two parallel organizational systems of Jewish law. The Midrashim are homiletic and sometimes legal commentaries on the Bible. Mishnaic or Rabbinic Hebrew represents a clear change from Biblical Hebrew. The vocabulary is much richer, it borrows heavily from Aramaic, Greek, and Latin, and its linguistic structure is closely related to Aramaic. Rabbinic Hebrew is the final stage of the "language of Canaan" which developed on Jewish soil.

After the destruction of the Second Temple in Jerusalem in 70 C.E., and the suppression of subsequent Jewish revolts, most of the rural population (whose language was Hebrew) was either killed or deported into slavery by the Romans. During the second century, the center of Jewish life shifted from Jerusalem to the Galilee, a region in which the mixed population spoke Aramaic and Greek. Even the rabbinic academies which studied the Mishna adopted Aramaic as the spoken language. Though Hebrew was no longer spoken, it continued to be used in liturgy and the study of the Bible. Hebrew remained the spiritual language of the Jewish people.

Under the impact of Islamic culture during the ninth to the thirteenth century, rabbinic, philosophical, and poetic works in Hebrew flourished. Jews living in Spain, Portugal, and Northern Africa composed significant literary works in Hebrew. Major Jewish works which had been written in Arabic, such as Maimonides's **Guide for the Perplexed**, were translated into Hebrew, as were important books by non-Jewish authors. The great scientific, philosophical, and grammatical works by Arab writers became known to Western Europe through their Hebrew translations. The Hebrew of the Middle Ages was highly influenced by Arabic in its vocabulary, word structure, and syntax.

Throughout the Middle Ages, Hebrew, though not ordinarily spoken, continued to be used for a variety of purposes: religious, literary, commercial, and even entertainment. Jews in all the countries of their dispersion could communicate with each other in Hebrew.

At the beginning of the Enlightenment period, towards the close of the eighteenth century, the vernacular of the masses in Europe was Yiddish; but most scholars and writers continued to write in Hebrew. In a deliberate attempt to break with tradition, they rejected the Rabbinic Hebrew of the religious authorities, and turned to the Hebrew of the Bible for inspiration. The first classics of modern Hebrew literature were written in Eastern Europe at the end of the nineteenth and the beginning of the twentieth century.

The Enlightenment also prepared the way for the emergence of a Jewish national movement — Zionism. The revival of Hebrew coincided with the growth of Zionism. Hebrew began to be spoken as a daily language by young Jews from Eastern Europe who settled in Palestine and worked to develop the country. Eliezer Ben Yehuda (1858–1922), popularly called 'the father of Modern Hebrew', forbade his family to speak any other language and raised the first Hebrew-speaking child in modern times. Ben Yehuda began to compile the first **Complete Dictionary of Ancient and Modern Hebrew**.

Even before the establishment of the State of Israel, Hebrew was already well entrenched in the land. With the influx of Jews from Europe and the Middle East speaking scores of vernaculars, Hebrew assumed a new role — serving as a unifying factor within this Babel of languages, and becoming the mother-tongue of the younger generation of Israelis. At the same time, influenced by the vocabulary and linguistic structure of the languages spoken by the new immigrants, Hebrew grew and developed.

Hebrew, which had been a language of the Book for so many centuries, is again an organic, living language.

Characteristics of the Hebrew Alphabet

There are 22 letters in the Hebrew alphabet, all of them consonants.
Hebrew is read from right to left.
The letters are not connected.
There is both a printed and a cursive form of the Hebrew letters.

Five consonants have two forms: one form is used at the beginning or in the middle of a word; the other is used only when the consonant appears at the end of a word. Both forms of the consonant have the same sound.

khahf sofit	ך	khafh	כ
mem sofit	ם	mem	מ
nun sofit	ן	nun	נ
feh sofit	ף	feh	פ
tsah-dee sofit	ץ	tsah-dee	צ

In modern Hebrew there are three letters whose sound will change when there is a dot (**dagesh**) in the center of the letter:

vet	ב	bet	בּ
khafh	כ	kahf	כּ
feh	פ	peh	פּ

The letter ש can have two sounds, depending on the position of the dot above the letter:

seen	שׂ	sheen	שׁ

Each Hebrew consonant has a numerical value: i.e., **aleph** = 1; **bet** = 2, etc. These letters are used to indicate dates in the Hebrew calendar, and sometimes page numbers.

Vowels

Vowel signs appear below, above, or to the side of the consonant.

The original text of the Hebrew Bible had no vowels because, in antiquity, Semitic languages were written without vowels. In later periods, several systems were invented by Jewish grammarians to help read the text. Our present system of vowels was invented by the Masoretes, Jewish scholars of Tiberias in Palestine, during the ninth or tenth century. Since the Bible was considered a holy book, the Rabbis did not want to make any changes in the consonantal text. The vowels were, therefore, added below, above, and beside the consonants. The Torah scrolls are still written without vowels.

In Israel, newspapers and most books are printed without vowels.

Pronunciation

There are two silent consonants, **alef** א and **ayin** ע, which assume the sound of the vowel attached to them. Every other consonant and vowel has a specific sound.

Most words in modern Hebrew are stressed on the last syllable.

* * *

We hope that using this **Primer** will be a pleasant learning experience, and will encourage the continued study of Hebrew, an ancient and modern language.

TO THE TEACHER

When the Hebrew Language Course (**Shelabim** series) was conceived and developed, the assumption was that the students starting **Shalav Aleph** would already have acquired basic language skills, i.e., the ability to read and write Hebrew, and a beginning vocabulary of approximately 120 words. After completing the series, however, we realized that many students starting this language course did not have those basic skills. We were then encouraged to prepare a **Primer** whose purpose is to teach these basic skills quickly and efficiently.

The goals of this **Primer** are to teach mechanical reading and script writing, and to introduce a vocabulary of 140 words. We do not intend at this point to teach grammatical principles, and we treat masculine/feminine, singular/plural forms as purely lexical items.

The consonants are not introduced in the order of their appearance in the Hebrew alphabet. The rationale for the sequence in which the consonants and the vowels are introduced is their recurring appearance in frequently used words. It was our desire to start forming words even in the first unit. The words used for practice reading are not combinations of nonsense syllables, but meaningful Hebrew words.

The reading material presented is graded, based on the consonants and vowels taught in the unit. The new words are taught in context, and not as isolated words listed for memorization. The vocabulary chosen is composed of words frequently used at home and in a classroom. This vocabulary makes it possible for the student to produce simple sentences and dialogues. The dialogues in the **Primer** allow the student to act out various situations; the stories are read for comprehension and pleasure.

Upon completion of the **Primer**, the students will be ready to continue their studies with עִבְרִית שָׁלָב א'.

Outline of Each Unit

A. New consonants and English equivalent.
B. New vowels and English equivalent.
C. New consonants in script letters.
D. Reading practice of words incorporating the new consonants and vowels. After the first unit, these words include a review of previously learned material. This section ends with a short list of several words presented in script.
E. Dialogue/reading selections incorporating a basic vocabulary of words composed of the consonants and vowels taught in the unit.
F. Vocabulary list.
G. Exercises.

Each unit provides an opportunity to improve the students' ability to read mechanically, to increase their vocabulary, and to expand their comprehension of the Hebrew language.*

* *A diagnostic test is available from Behrman House. This test will enable the teacher to judge the student's mastery of the material taught in this **Primer**.*

Other Features

In addition to teaching consonants and vowels, the **Primer** contains a unit on diphthongs and foreign loan sounds.

The last section is devoted to practice in writing and reading Hebrew script.

The vocabulary at the back of the book indicates the unit in which each word first appears. An additional word list groups the vocabulary according to categories — family, time, numbers, and school-related words — as well as parts of speech — nouns, pronouns, verbs, prepositions, adjectives, and interrogatives. This grouping helps the student to produce sentences.

The **Primer** also includes a selection of well-known Biblical passages, familiar Hebrew songs, and words and phrases of common usage. The student finishes the **Primer** with a sense of having mastered the ability to read a variety of Hebrew materials.

Unit 1

Letters

מ	M	man	א	silent	
ת, תּ, ת	T	table	נ	N	no
ה	H	hat, silent at end of word			

Vowels

◌ַ	ah		◌ִ	ee	bee
◌ָ	ah	father	◌ִי	ee	
◌ֲ	ah		◌ְ	marks end of syllable	

Script

מ	מ	א	א
ת	ת	נ	נ
ה	ה		

1 מַ מָ מִי מָ מִ מִי מַ מָ מַ מִי

2 אַ אָ אִי אֱ אִ אִי אָ אַ אִי אַ

3 אַמַ אָמָ אִמַ אִמָ אִמִי אִמָא

4 תַּ תָּ תִּ תַּ תָּ תִּ תִּי תָּ תַּ תִּ

5 אַתּ מַת אַתָּ מַתִּי תָּאִי אִמָ מַתָּ

6 אֱמִי אַמִית אִמִי תָּא אִמָא מִי אַתְּ

7 נַ נָ נִי נִ נִי נָ נַ נִי נַ נָ

8 אֲנִי מִי אֲנִי אִמָא אֲנִי תַּמִי

9 הַ הָ הִי הֱ הִ הָ הִי הַ הָ הִ

10 תָּה נָה מַה תָּה מָה אָה נָה

11 מִי אֲנִי? מִי אַתְּ? מִי אַתָּה?

12 אֲנִי אִמָא. אֲנִי תַּמִי. אֲנִי אַנָה.

מִי אַתָּה? אֲנִי מַתִּי.

13 *מִי אֲנִי? מִי אַתְּ? מִי אַתָּה?*

14 *אֲנִי אִמָא. אֲנִי תַּמִי. אֲנִי אַנָה.*

Dialogue

[1]who (are) [2]you (f.s.)	– מִי[1] אַתְּ[2]?
[1]I (am)	– אֲנִי[1] נִינָה.
[1]what	– מָה[1] אַתְּ?
[1]mother	– אֲנִי אִמָּא[1].
	– מִי אַתְּ?
	– מִי אֲנִי? אֲנִי תַּמִּי.
[1]you (m.s.)	– מִי אַתָּה[1]?
	– אֲנִי מַתִּי.
	– מִי אַתְּ?
	– אֲנִי מִינָה.

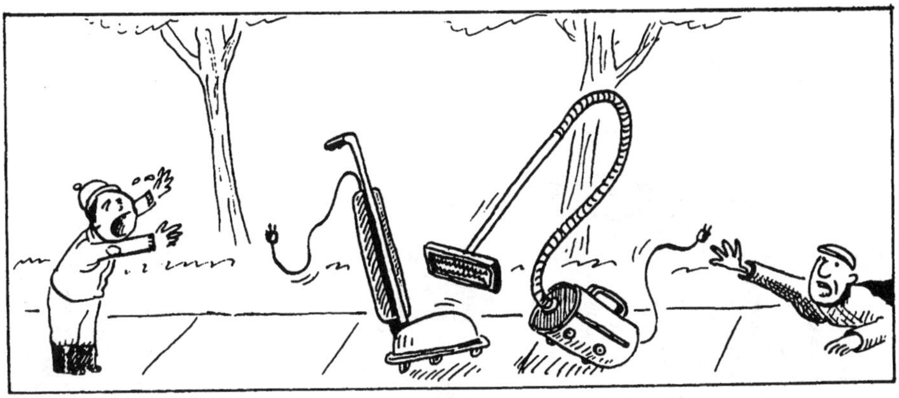

Vocabulary

you (are) (m.s.)	אַתָּה	who	מִי
you (are) (f.s.)	אַתְּ	what	מַה, מָה
mother	אִמָּא	I (am)	אֲנִי

Exercises

A. Translate.

1 אֲנִי אַנָה, אֲנִי אִמָא.

2 מִי אַתָה? אֲנִי מַתִי.

3 מִי אַתְ? אֲנִי תַמִי.

4 מִי אִמָא? אַנָה אִמָא.

B. Translate.

1 What are you? (f.)

2 I am a mother.

3 Who am I?

4 Who are you? (m.)

5 Who are you? (f.)

6 I am ____________.

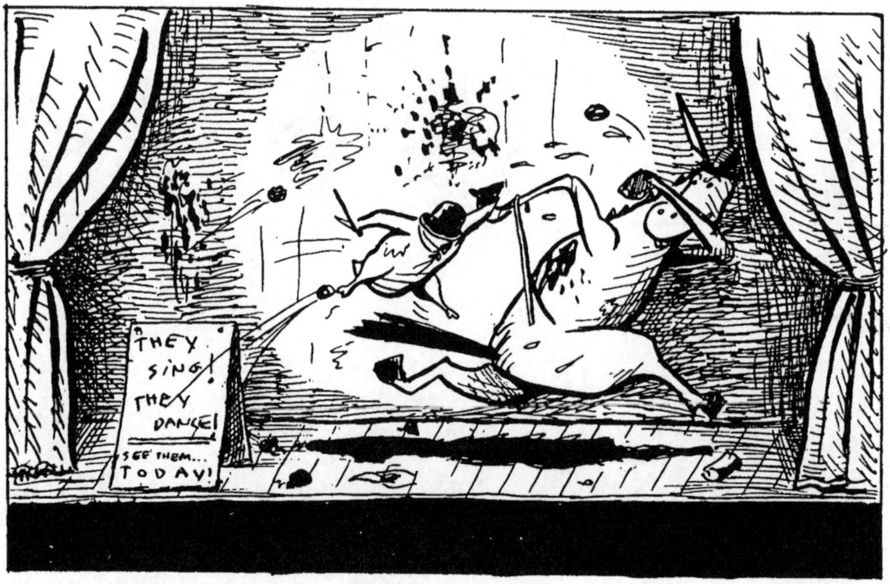

Unit 2

Letters

ר	R	ran	ל	L	love
ד	D	door	שׁ	SH	ship
ם	M (final letter)	ram			

Vowels

◻ֶ	eh	get
וֹ◻	o	more
◻ֹ	o	more

Script

ר (script)	ר	ל (script)	ל
ד (script)	ד	שׁ (script)	שׁ
ם (script)	ם		

1 רַ רָ רֶ רוֹ רִי רֶ רִי רוֹ רַ רֹ

2 רָה מַר מָרָה אוֹר אוֹרוֹ אוֹרָה מוֹר מוֹרָה

3 תּוֹר תּוֹרָה מוֹרָה מוֹרֶה הוֹרֶה הוֹרָה

4 מִי אֲנִי? אֲנִי מוֹרָה. מִי אַתָּה? אֲנִי מוֹרֶה.

5 לַ לָ לִ לִי לוֹ לֶ לָ לִי לִ לֶ לֹ

6 תַּל לָה לוֹ לִי לֹא אַל נִילִי נָא מָל

7 דַ דָ דִ דוֹ דִי דֹ דֶ דִי דָ דַ דֹ

8 דַל דֶלֶת דִינָה דָנִי מֶרֶד דֶשֶׁא דוֹד

9 תַּלְמִיד תַּלְמִידָה אֲנִי תַּלְמִיד. אֲנִי תַּלְמִידָה.
אַתָּה תַּלְמִיד. אַתְּ תַּלְמִידָה.

10 מִי אַתָּה? אֲנִי מוֹרֶה. אֲנִי תַּלְמִיד. אֲנִי דוֹד.
אֲנִי דָנִי.

11 מִי אַתְּ? אֲנִי מוֹרָה. אֲנִי תַּלְמִידָה. אֲנִי דוֹדָה.
אֲנִי דָנִית.

12 שֶׁ שִׁי שַׁ שָׁ שׁוֹ שׁ שָׁ שׁוֹ שִׁ

13 אִישׁ אִשָׁה שֶׁלִי שֶׁלוֹ שִׁשִׁי שׁוֹר
שׁוֹרֶשׁ שָׁר שִׁיר

14 שָׁלוֹשׁ רָשׁ שֶׁל רֹאשׁ שָׁנָה שָׁאַל
רֹאשׁ הַשָׁנָה

15 שָׁם תֶם רָם לוֹם לִים אִם דָם נָם

16 שָׁלוֹם. שָׁלוֹם מוֹרֶה. שָׁלוֹם תַלְמִיד.
שָׁלוֹם תַלְמִידָה. שָׁלוֹם תַלְמִידִים.
שָׁלוֹם תַלְמִידוֹת.

17 *שָׁלוֹם. שָׁלוֹם מוֹרֶה. שָׁלוֹם תַלְמִיד.*
שָׁלוֹם תַלְמִידָה. שָׁלוֹם תַלְמִידִים.
שָׁלוֹם תַלְמִידוֹת.

Dialogue

– שָׁלוֹם[1].	[1]hello
– מִי אַתְּ?	
– אֲנִי אוֹרָה. אֲנִי תַּלְמִידָה[1].	[1]student (f.)
– מִי אַתָּה?	
– אֲנִי דָּנִי.	
– אֲנִי אִישׁ[1]. אֲנִי מוֹרֶה[2].	[1]man [2]teacher (m.)
– אַתְּ נִילִי?	
– לֹא[1], אֲנִי לֹא נִילִי.	[1]no
– אֲנִי דִּינָה.	
– מִי אַתְּ? אַתְּ מוֹרָה[1]?	[1]teacher (f).
– לֹא, אֲנִי לֹא מוֹרָה.	
– אֲנִי הָאִמָּא[1] שֶׁל[2] שִׁירָה.	[1]the mother [2]of
– מִי שִׁירָה?	
– שִׁירָה תַּלְמִידָה.	

Story

[1]student (m.)	דָנִיאֵל תַּלְמִיד[1].
[1]woman	הָאִמָא שֶׁל דָנִיאֵל אִשָׁה[1].
[1]she	הִיא[1] מוֹרָה. הִיא לֹא הַמוֹרָה שֶׁל דָנִיאֵל.
[1]my	הִיא הַמוֹרָה שֶׁלִי[1].

Vocabulary

hello, goodbye, peace	שָׁלוֹם
student (m.)	תַּלְמִיד
student (f.)	תַּלְמִידָה
man	אִישׁ
woman, wife	אִשָׁה
teacher (m.)	מוֹרֶה
teacher (f.)	מוֹרָה
no	לֹא
the	הַ... הָ...
of	שֶׁל
she	הִיא
my, mine	שֶׁלִי

Exercises

A. Select the correct word.

1 דִּינָה (תַּלְמִיד תַּלְמִידָה).
2 דָּנִיאֵל (מוֹרֶה מוֹרָה).
3 מֹשֶׁה (תַּלְמִיד תַּלְמִידָה).
4 דָּנִי (אִישׁ אִשָּׁה).
5 אִמָּא (מוֹרֶה מוֹרָה).

B. Make up sentences by combining a word from column A with a word from column B.

A	B
אַתָּה לֹא	אִמָּא
הִיא	תַּלְמִיד
מַתִּי	מוֹרֶה
אַתְּ לֹא	תַּלְמִידָה
	אִישׁ

C. Use each word in a sentence.

1 דִּינָה
2 מֹשֶׁה
3 אַתְּ
4 אַתָּה
5 אֲנִי
6 אֲנִי לֹא

Unit 3

Letters

בּ	B	bat
כּ	K	kid
ן	final N	soon
ח	CH	Bach
ו	V	victory

Vowels

☐ְ	beginning of syllable	petition
☐ֶ	eh	get*
וּ☐	oo	too

Script

בּ	בּ
כּ	כּ
ן	ן
ח	ח
ו	ו

* Until recently, many Jews outside of Israel pronounced ☐ֶ as **ay** (day). Today, however, the normative Israeli pronunciation, ☐ֶ = **eh** (get), has been adopted by most of the Jewish world.

1 בַּ בֶּ בָּ בּוֹ בִּי בָּ בֶּ בִּ בַּ בֹּ

2 מֵ מוּ מְ נוּ תֵּ שׁוּ לְ רֵ אוּ דְ

3 אַבָּא בַּת בִּתִּי בִּתּוֹ בָּה בִּי בּוֹ בּוֹא

4 בְּנִי בָּא בַּר שֵׁם שַׁבָּת שָׁלוֹם בַּשָּׁנָה
הַבָּאָה אֵם בְּלִי

5 כָּ כַּ כִּי כּוֹ כּוּ כֶּ כֵּ כֹּ כִּ כְּ כֵּ

6 כִּתָּה הַכִּתָּה בַּכִּתָּה כָּשֵׁר כִּי כַּדּוּר כַּמָּה

7 מִן כֵּן הֵן תֵּן בֵּן שֵׁן מִין דִּין לוּן

8 נוֹתֵן אַתֶּן אַתֶּם שֶׁלָּהֶם שֶׁלָּהֶן אוֹתָם אוֹתָן

9 אָדוֹן אָרוֹן רֹאשׁ כַּלָּה מְאֹד רוֹאֶה שׁוֹמֵר

10 חַ חָ חִי חֵ חוּ חוֹ חִ חֹ חוּ חֶ

11 אָח אָחוֹת אַחִים נָח אֲנַחְנוּ חַלָּה חַלּוֹן

12 חֲמִשִּׁים אֲרוּחָה חַם חֹדֶשׁ חַנָּה חוּם חָתוּל

13 חֲלוֹם חָמֵשׁ אַחַת אֶחָד אֵם מִלְחָמָה חֶדֶר

14 בַּחוּרָה בַּחוּרִים כֹּהֵן בָּהֶן מְדַבֵּר מְדַבֶּרֶת

15 וְ וֶ וָ וַ וִי וּ וֹ וֵ וְ וִי וָ וַ

16 דָּוִד לֵוִי וִילוֹן וַרְדָּה וְשַׁבָּת וַאֲנִי אֲוִיר

17 דָּן וְדִינָה אֲנִי וְאַתָּה תַּלְמִיד וְתַלְמִידָה

בֶּלָה וְלֵאָה וְאוֹרָה מוֹרָה

18 מִי בַּכִּתָּה? תַּלְמִיד וְתַלְמִידָה בַּכִּתָּה.

תַּלְמִידִים בַּכִּתָּה. אֲנַחְנוּ בַּכִּתָּה.

מוֹרָה בַּכִּתָּה. אֲנִי וְאַתָּה בַּכִּתָּה.

19 מִי הוּא? הוּא אִישׁ. הוּא אַבָּא. הוּא מוֹרֶה.

הוּא בֵּן. הוּא תַּלְמִיד.

20 מִי הִיא? הִיא אִשָּׁה. הִיא אִמָּא. הִיא מוֹרָה.

הִיא בַּת. הִיא תַּלְמִידָה.

21 אַתָּה אַבָּא? לֹא, אֲנִי לֹא אַבָּא.

אַתְּ אִמָּא? כֵּן, אֲנִי אִמָּא.

22 אַתָּה מוֹרֶה? לֹא, אֲנִי לֹא מוֹרֶה, אֲנִי תַּלְמִיד.

23 אַתֶּם תַּלְמִידִים? כֵּן, אֲנַחְנוּ תַּלְמִידִים.

24 דָּוִד בַּכִּתָּה? כֵּן, הוּא בַּכִּתָּה.

וַרְדָּה בַּכִּתָּה? לֹא, הִיא לֹא בַּכִּתָּה.

25 חַנָּה וְלֵאָה בַּכִּתָּה? כֵּן, הֵן בַּכִּתָּה.

מֹשֶׁה וְלֵוִי בַּכִּתָּה? כֵּן, הֵם בַּכִּתָּה.

26 *חַנָּה וְלֵאָה בַּכִּתָּה? כֵּן, הֵן בַּכִּתָּה.*

מֹשֶׁה וְלֵוִי בַּכִּתָּה? כֵּן, הֵם בַּכִּתָּה.

Dialogue

מוֹרָה: שָׁלוֹם תַּלְמִידִים. אֲנִי הַמּוֹרָה.

תַּלְמִידִים: שָׁלוֹם מוֹרָה.

מוֹרָה: אֲנִי בֶּלָה. מִי אַתְּ?

דִינָה: אֲנִי דִינָה.

מוֹרָה: דִינָה, אַתְּ מוֹרָה?

דִינָה: אֲנִי לֹא מוֹרָה, אֲנִי תַּלְמִידָה.

מוֹרָה: מִי אַתָּה?

דָן: אֲנִי דָן.

מוֹרָה: דָן, אַתָּה תַּלְמִיד?

דָן: כֵּן[1], אֲנִי תַּלְמִיד. — [1]yes

מוֹרָה: מִי הוּא[1]? — [1]he

דָן וְדִינָה: הוּא מֹשֶׁה.

מוֹרָה: הוּא מוֹרֶה?

דָן וְדִינָה: לֹא הוּא לֹא מוֹרֶה, הוּא תַּלְמִיד בַּכִּתָּה[1]. — [1]class

מוֹרָה: דִינָה וְ[1]דָן, אַתֶּם[2] מוֹרִים? — [1]and [2]you (m.pl.)

דָן וְדִינָה: לֹא, אֲנַחְנוּ[1] לֹא מוֹרִים. — [1]we

אֲנַחְנוּ תַּלְמִידִים[1]. — [1]students (m.)

אֲנַחְנוּ הַבֵּן[1] וְהַבַּת[2] שֶׁל — [1]son [2]daughter

הַמּוֹרֶה דָנִיאֵל.

מוֹרָה: מִי אַתְּ?

לֵאָה: אֲנִי לֵאָה. אֲנִי תַּלְמִידָה בַּכִּתָּה.

מוֹרָה: לֵאָה, מִי הֵם[1]? — [1]they (m.)

לֵאָה: הֵם לֵוִי וְדָוִד. הֵם תַּלְמִידִים בַּכִּתָּה.

מוֹרָה: דָּוִד, מִי הֵן[1]? — [1]they (f.)

דָּוִד: הֵן תָּמָר וְשִׁירָה.

הֵן תַּלְמִידוֹת[1] בַּכִּתָּה. — [1]students (f.)

מוֹרָה: מִי הוּא? הוּא מוֹרֶה?

הַכִּתָּה: לֹא.

מוֹרָה: הוּא תַּלְמִיד?

הַכִּתָּה: לֹא.

מוֹרָה: מִי הוּא?

דָּוִד: הוּא הָאַבָּא[1] שֶׁלִּי. — [1]father

Vocabulary מִלּוֹן

yes	כֵּן
he	הוּא
we	אֲנַחְנוּ
you (m.pl.)	אַתֶּם
you (f.pl.)	אַתֶּן
they (m.)	הֵם
they (f.)	הֵן
and	וְ...
in the	בַּ...
in	בְּ...
class (f.)	כִּתָּה
students (m.)	תַּלְמִידִים (תַּלְמִיד)
students (f.)	תַּלְמִידוֹת (תַּלְמִידָה)
son	בֵּן
daughter	בַּת
father, Dad	אַבָּא

Exercises

A. Select the correct word.

1 אֲנַחְנוּ (תַּלְמִידִים תַּלְמִיד).

2 הוּא (אַבָּא אִמָּא).

3 הִיא (מוֹרֶה מוֹרָה).

4 שִׁירָה וְלֵאָה (תַּלְמִידִים תַּלְמִידוֹת).

5 דָּנִי תַּלְמִיד (וְ בַּ) כִּתָּה.

B. Match the following.

1 בֶּלָה ___ תַּלְמִיד

2 דָּן ___ תַּלְמִידָה

3 רָחֵל וְלֵאָה ___ תַּלְמִידִים

4 דִּינָה ___ תַּלְמִידוֹת

5 מֹשֶׁה וְדָנִי ___ מוֹרָה

C. Translate.

1 שָׁלוֹם תַּלְמִידִים, אֲנִי הַמּוֹרָה.

2 אֲנִי לֹא תַּלְמִידָה. אֲנִי מוֹרָה.

3 אֲנַחְנוּ תַּלְמִידוֹת.

4 כֵּן, אֲנִי בַּכִּתָּה.

5 מִי אַתְּ?

6 מִי הוּא?

7 הוּא אַבָּא.

8 דָּן תַּלְמִיד וְדִינָה תַּלְמִידָה.

9 הִיא מוֹרָה וְהֵן תַּלְמִידוֹת.

10 הֵם תַּלְמִידִים בַּכִּתָּה שֶׁלִּי.

11 הֵם הַבֵּן וְהַבַּת שֶׁלִּי.

12 הָאַבָּא שֶׁלִּי מוֹרֶה.

Unit 4

Letters

ז	Z	zoo
ג	G	girl
ס	S	sun
פּ	P	pay
פ	F	foot

Vowels

◌ֻ	oo	Susan

Script

ז	ז
ג	ג
ס	ס
פּ	פּ
פ	פ

1 זַ זֶ זִי זוֹ זוּ זֻ זֹ זָ זֵ זְ

2 זֶה זֹאת זוֹ זוּז זוּזִי זָר מְזוּזָה

3 סָ סַ סֶ סֵ סוֹ סוּ סֹ סֻ סִי

4 כִּיס כִּסֵא נֵס סַל סֻכָּה סֻכּוֹת

סִדוּר סֵדֶר סַבָּא סְלִיחָה

5 גַ גוּ גָ גִי גוֹ גֶ גִ גֵ גֻ גְ גֹ

6 גַם גַן גִיר גַג גַל גָר שֶׁלֶג גֶשֶׁם

7 גוֹמֵר גוֹמֶרֶת גָדוֹל גְדוֹלָה סוֹגֵר

סוֹגְרִים גָמַר סָגַר גָמָל

8 פִּי פּוּ פֶּ פֵּ פַּ פֻּ פִּ פָּ פֹּ פּוֹ

9 פֹּה פֶּה פַּת פָּר פָּרָה פְּרִי פַּח פָּז

10 פֶּסַח פִּתָּה כִּפָּה פֵּרוֹת פֶּרַח סִפּוּר

פּוּרִים פַּרְפָּר

11 פִּי פַּ פוֹ פּוּ פָּ פֶּ פְּ פֹּ פֵּ

12 סֵפֶר סְפָרִים פְּלָפֶל פִּלְפֵּל תְּפִלָּה

תְּפִלּוֹת שׁוֹפָר שֻׁלְחָן פְּרָחִים

13 כִּסֵּא זֶה זֹאת סֵפֶר סִפּוּר זָזָה

14 מַה זֹּאת? זֹאת כִּתָּה. זֹאת מוֹרָה.

זֹאת תַּלְמִידָה. זֹאת מְזוּזָה. זֹאת מְנוֹרָה.

15 מַה זֶּה? זֶה כִּסֵּא. זֶה גִּיר. זֶה שֻׁלְחָן.

זֶה סֵפֶר. זֶה סִפּוּר. זֶה חַלּוֹן.

16 *מַה זֶה? זֶה כִּסֵא. זֶה גִיר. זֶה שֻׁלְחָן.*

זֶה סֵפֶר. זֶה סִפּוּר. זֶה חַלוֹן.

Dialogues

א הַתַּלְמִידִים בַּכִּתָּה. גַּם[1] הַמּוֹרָה בַּכִּתָּה. — [1]also

הַמּוֹרָה: שָׁלוֹם תַּלְמִידִים.

הַתַּלְמִידִים: שָׁלוֹם מוֹרָה.

הַמּוֹרָה: מִי לֹא פֹּה[1]? — [1]here

דָּוִד: דָּנִי לֹא פֹּה.

דָּנִי לֹא פֹּה כִּי[1] הוּא — [1]because

בְּסַן דִיאֶגוֹ.

ב אִישׁ: שׁוֹשַׁנָּה הָאִשָּׁה שֶׁלִּי.

הִיא לֹא פֹּה.

הִיא לֹא בַּחֶדֶר[1]. — [1]room

הִיא לֹא בַּגַּן[1]. — [1]garden

הִיא לֹא בַּכִּתָּה. שׁוֹשַׁנָּה!!

שׁוֹשַׁנָּה: אֲנִי בַּסֻּכָּה[1]. — [1]sukkah

Vocabulary — מִלּוֹן

also	גַּם
here	פֹּה
because	כִּי
room (m.)	חֶדֶר
garden, park (m.)	גַּן
sukkah, booth (f.)	סֻכָּה

ג הַמּוֹרֶה: מַה זֶה[1]? — [1]this (m.)

שׁוֹשַׁנָּה: זֶה סֵפֶר[1]. — [1]book

הַמּוֹרֶה: כֵּן, זֶה סֵפֶר.

שֶׁל מִי הַסֵּפֶר?

שׁוֹשַׁנָּה: הַסֵּפֶר שֶׁלִּי.

הַמּוֹרֶה: מַה זֶה?

לֵוִי: זֶה גִּיר[1]. — [1]chalk

הַמּוֹרֶה: כֵּן. זֶה גִּיר.

מַה זֹּאת[1]? — [1]this (f.)

מֹשֶׁה: זֹאת מַחְבֶּרֶת[1]. — [1]notebook

הַמּוֹרֶה: כֵּן, זֹאת מַחְבֶּרֶת.

שֶׁל מִי הַמַּחְבֶּרֶת?

מֹשֶׁה: הַמַּחְבֶּרֶת לֹא שֶׁלִּי.

הַמַּחְבֶּרֶת שֶׁל הַמּוֹרֶה.

מִלּוֹן — Vocabulary

זֶה	this (m.)
זֹאת	this (f.)
סֵפֶר	book (m.)
גִּיר	chalk (m.)
מַחְבֶּרֶת	notebook (f.)

Story — סִפּוּר

הַחֶדֶר שֶׁלִי גָדוֹל[1].	[1]big
בַּחֶדֶר שֶׁלִי דֶלֶת[1], חַלוֹן[2],	[1]door [2]window
כִּסֵא[1] וְשֻׁלְחָן[2].	[1]chair [2]table
בַּחֶדֶר סֵפֶר גָדוֹל.	
בַּסֵפֶר סִפּוּר[1] גָדוֹל.	[1]story
הַמִשְׁפָּחָה[1] לֹא בַּחֶדֶר.	[1]family
הָאָח[1] לֹא בַּחֶדֶר.	[1]brother
הָאָחוֹת[1] לֹא בַּחֶדֶר,	[1]sister
אֲנִי בַּחֶדֶר,	
כִּי זֶה הַחֶדֶר שֶׁלִי!	

Vocabulary — מִלוֹן

גָדוֹל	big (m.)
דֶלֶת	door (f.)
חַלוֹן	window (m.)
כִּסֵא	chair (m.)
שֻׁלְחָן	table (m.)
סִפּוּר	story (m.)
מִשְׁפָּחָה	family (f.)
אָח	brother
אָחוֹת	sister

Exercises

A. Select the correct word.

1 בַּכִּתָּה שֶׁלִּי (מוֹרָה מִשְׁפָּחָה).

2 בַּחֶדֶר שֶׁלִּי (סֻכָּה שֻׁלְחָן).

3 בַּמִּשְׁפָּחָה שֶׁלִּי (אָח דֶּלֶת).

4 בַּסֵּפֶר (תַּלְמִיד סִפּוּר).

5 זֹאת (אִישׁ אִשָּׁה).

B. Select the correct word from the following word list.

חַלּוֹן גָּדוֹל מַחְבֶּרֶת סֵפֶר לֹא

1 בַּ______ סִפּוּר.

2 כִּסֵּא ______ בַּחֶדֶר.

3 הַמִּשְׁפָּחָה ______ פֹּה.

4 בַּכִּתָּה ______ גָּדוֹל.

5 זֹאת ______.

C. Translate.

1 הַמִשְׁפָּחָה שֶׁלִי לֹא בַּחֶדֶר שֶׁלִי.

2 הַסִפּוּר בַּמַחְבֶּרֶת.

3 כֵּן, הַסְפָרִים פֹּה בַּכִּתָּה.

4 בַּחֶדֶר חַלוֹן וְדֶלֶת.

5 הַמִשְׁפָּחָה שֶׁלִי בַּגַן.

D. Answer the following questions.

1 מִי אַתָּה / אַתְּ?

2 מַה בַּחֶדֶר?

3 מִי בַּכִּתָּה?

4 מִי אֲנַחְנוּ?

5 מִי בַּמִשְׁפָּחָה?

Unit 5

Letters

ע	silent			
ט	T	table		
חַ	ACH	(at end of word)	Bach	
ב	V	victory		
י	Y	yes		

Vowels

◌ֵי	ay	day

Script

ע	ע
ט	ט
ב	ב
י	י

1 עַ עוֹ עֶ עִי עֵ עֵי עֹ עוּ עָ
עְ עֲ

2 עַל עַם עַמִּי עַמּוֹ עִם עִמִּי עִמּוֹ

3 עִפָּרוֹן עוֹמֵד עוֹמֶדֶת עוֹמְדִים עוֹמְדוֹת
כָּעַס רַע רָעָה אַרְבַּע עִמָּה

4 בֶ בוֹ בִי בֵי בֵ בֶ בָ בוּ בַ

5 אָב רַב לֵב דּוֹב סָב גַּב רִיב שָׁב

6 חָבֵר חֲבֵרָה כֶּלֶב עִבְרִית עֶרֶב שָׁבוּעַ
שָׁבוּעוֹת סַבְתָּא חֲבֵרִים חֲבֵרוֹת

7 כּוֹתֵב כּוֹתֶבֶת אַבְרָהָם אָבִינוּ חוֹשֵׁב
רְחוֹב שֶׁבַע דָּבָר כּוֹתְבִים

8 טִ טֶ טוֹ טוּ טַ טִי טֵי טֱ טֵ
טְ טָ טֹ

9 עֵט טוֹב טַל טַלִית טוֹבָה טִפֵּשׁ
מִטָה תַּפְרִיט

10 מְעַט אוּנִיבֶרְסִיטָה שׁוֹפֵט שׁוֹטֵר
ט"וּ בִּשְׁבָט מִשְׁפָּט

11 יַ יוֹ יֶ יִי יֵ יוּ יְ יֹ יָ יֱ יֵי

12 יָם יָד יֵשׁ יוֹם יֶלֶד יָפֶה יָפָה יַיִן

13 יוֹשֵׁב יוֹשֶׁבֶת יוֹדֵעַ יוֹדְעִים יַלְדָּה
יְלָדוֹת יְלָדִים יָפוֹת יָפִים

14 יְרוּשָׁלַיִם יוֹם כִּפּוּר יְהוּדִי יוֹרֵד יָשֵׁן

15 לוּחַ מֹחַ כֹּחַ סוֹלֵחַ פּוֹתֵחַ בּוֹרֵחַ
שׁוֹלֵחַ לוֹקֵחַ מָשִׁיחַ

16 פּוֹתַחַת סְלִיחָה חָמֵשׁ סָלַח אוֹרֵחַ
חֲנֻכָּה חַג אוֹרוֹת אַחַת רוּחַ יַחַד

17 מַה זֶה? זֶה עִפָּרוֹן. זֶה עֵט. זֶה חָבֵר.
זֶה כֶּלֶב. זֶה לוּחַ. זֶה יַיִן. זֶה בַּיִת.

18 *מַה זֶה? זֶה עִפָּרוֹן. זֶה עֵט. זֶה חָבֵר.*
זֶה כֶּלֶב. זֶה לוּחַ. זֶה יַיִן. זֶה בַּיִת.

סִפּוּר א׳ — Story

הַתַּלְמִידִים לוֹמְדִים[1] עִבְרִית[2].
הַתַּלְמִידִים לוֹמְדִים עִבְרִית
בָּאוּנִיבֶרְסִיטָה בִּירוּשָׁלַיִם.
הַתַּלְמִידִים בַּכִּתָּה.
הַמּוֹרֶה כּוֹתֵב[1] עַל[2] הַלּוּחַ[3],
וְהַתַּלְמִידִים כּוֹתְבִים בַּמַּחְבֶּרֶת.

[1]study [2]Hebrew

[1]write [2]on [3]chalkboard

מִלּוֹן א׳ — Vocabulary

study, learn (m.s., m.pl.)	לוֹמֵד, לוֹמְדִים
Hebrew (f.)	עִבְרִית
university (f.)	אוּנִיבֶרְסִיטָה
Jerusalem	יְרוּשָׁלַיִם
in Jerusalem	בִּירוּשָׁלַיִם
write (m.s., m.pl.)	כּוֹתֵב, כּוֹתְבִים
on, about	עַל
chalkboard (m.)	לוּחַ

סִפּוּר ב׳

הִנֵּה[1] כֶּלֶב[2] יָפֶה[3]. — [1]here [2]dog [3]nice

הַכֶּלֶב יוֹשֵׁב[1] בַּכִּתָּה. — [1]sits

הַמּוֹרֶה וְהַתַּלְמִידִים מְדַבְּרִים[1]. — [1]speak

מוֹרֶה: שֶׁל מִי הַכֶּלֶב?

רִינָה: הַכֶּלֶב לֹא שֶׁלִּי.

מוֹרֶה: שֶׁל מִי הַכֶּלֶב?

דָּנִיאֵל: זֶה הַכֶּלֶב שֶׁלִּי.

הַכֶּלֶב שֶׁלִּי בַּכִּתָּה כִּי הוּא מְדַבֵּר[1] עִבְרִית. — [1]speaks

מוֹרֶה: הוּא מְדַבֵּר עִבְרִית?

דָּנִיאֵל: כֵּן, הוּא מְדַבֵּר עִבְרִית.

כֶּלֶב: הַב! הַב!

מִלּוֹן ב׳ — Vocabulary

הִנֵּה	here is
כֶּלֶב	dog (m.)
יָפֶה	nice, pretty (m.)
יוֹשֵׁב, יוֹשְׁבִים	sit (m.s., m.pl.)
מְדַבֵּר, מְדַבְּרִים	speak (m.s., m.pl.)

סִפּוּר ג׳

הַמִּשְׁפָּחָה בַּחֶדֶר.

אִמָּא בַּחֶדֶר.

הַיֶּלֶד[1] וְהַיַּלְדָּה[2] בַּחֶדֶר. — [1]boy [2]girl

אַבָּא לֹא פֹּה. הוּא בְּפִילַדֶלְפְיָה.

הַיְלָדִים[1] מְדַבְּרִים אֶל[2] אִמָּא. — [1]children [2]to

שָׁאוּל: אִמָּא, אֵיפֹה[1] הָעִפָּרוֹן[2] שֶׁלִּי? — [1]where [2]pencil

אֲנִי כּוֹתֵב אֶל אַבָּא בְּפִילַדֶלְפְיָה.

אִמָּא: אַתָּה יֶלֶד טוֹב[1] כִּי אַתָּה כּוֹתֵב אֶל — [1]good

אַבָּא. הִנֵּה עִפָּרוֹן גָּדוֹל וְיָפֶה.

שָׁאוּל: תּוֹדָה[1] אִמָּא. — [1]thank you

אַתְּ אִמָּא טוֹבָה[1] וְיָפָה[2]. — [1]good [2]pretty

Vocabulary

מִלּוֹן ג׳

boy	יֶלֶד
girl	יַלְדָּה
boys, children	יְלָדִים
where	אֵיפֹה
pencil (m.)	עִפָּרוֹן
to	אֶל
good (m.s., f.s.)	טוֹב, טוֹבָה
thanks	תּוֹדָה
pretty, nice (f.)	יָפָה

Exercises — תַּרְגִּילִים

A. Select the correct word.

1 אֲנַחְנוּ (יוֹשְׁבִים לוֹמְדִים) עִבְרִית.

2 הַמּוֹרֶה (כּוֹתֵב יוֹשֵׁב) עַל הַלּוּחַ.

3 דָּן (יוֹשֵׁב מְדַבֵּר) אֶל הַמִּשְׁפָּחָה.

4 הַתַּלְמִידִים (יוֹשְׁבִים כּוֹתְבִים) בַּמַּחְבֶּרֶת.

5 הַכֶּלֶב (יוֹשֵׁב כּוֹתֵב) בַּגַּן.

B. Complete each sentence with the correct word.

טוֹב אֵיפֹה אֶל הַחֶדֶר יַלְדָּה אוּנִיבֶרְסִיטָה

1 אֲנַחְנוּ לוֹמְדִים עִבְרִית בָּ______.

2 דָּנִי לֹא פֹּה. ______ הוּא?

3 הַיֶּלֶד מְדַבֵּר ______ אִמָּא.

4 ______ שֶׁלִּי גָּדוֹל וְיָפֶה.

5 דִּינָה ______ יָפָה.

6 הוּא מוֹרֶה ______.

C. Translate.

1 אֵיפֹה אַתָּה מְדַבֵּר עִבְרִית?

2 הַתַּלְמִידִים לֹא יוֹשְׁבִים בַּכִּתָּה כִּי הֵם בַּגַּן.

3 דָּנִי, הִנֵּה הָעִפָּרוֹן וְהַמַּחְבֶּרֶת. תּוֹדָה אִמָּא.

4 אֲנִי לוֹמֵד עִבְרִית בָּאוּנִיבֶרְסִיטָה.

5 הַיֶּלֶד וְהַיַּלְדָּה כּוֹתְבִים אֶל הַמִּשְׁפָּחָה בִּירוּשָׁלַיִם.

Unit 6

Letters

ק	K	kite
שׂ	S	sat
כ	CH	Bach
ךְ	final CH	Bach
צ	TS	tsetse fly
ץ	final TS	cats
ף	final F	golf

Script

1 קוֹ קַ קֶ קֵי קֻ קִ קָ קֹ קְ

2 קָם קוּם קַל קוֹל קַר תִּיק רֵיק

3 קוֹרֵא לוֹקֵחַ בֹּקֶר קָטָן קְטַנָּה קִדּוּשׁ

קוֹנֶה קָפֶה שֶׁקֶט זָרַק שׁוּק קִיר

4 שֶׂ שָׂ שֻׂ שִׂ שׂוֹ שֵׂ שָׂ שֵׂי שְׂ

שׂוּ שַׂ שִׂי

5 שָׂם שַׂר שִׂים שָׂמֵחַ שְׂמֵחָה שִׂמְחָה

מְשַׂחֵק בָּשָׂר יִשְׂרָאֵל

6 כַ כוֹ כִי כֵי כֶ כָ כִ כֹ כְ כֻ

7 בְּרָכָה אוֹכֵל אוֹכֶלֶת הוֹלֶכֶת הוֹלְכִים

נָכוֹן אֹכֶל בּוֹכֶה בָּכָה מָכַר

8 יָכוֹל חָכָם כּוֹכָב לָלֶכֶת לָכֶם שֶׁלָּכֶן

9 לָךְ בָּךְ אֵיךְ לֵךְ בָּרוּךְ מֶלֶךְ הוֹלֵךְ

10 אַחַר־כָּךְ דֶּרֶךְ שֶׁלָּךְ עִמָּךְ לְךָ שֶׁלְּךָ

בְּךָ עִמְּךָ

11 צַ צֶ צוֹ צִי צָ צֵי צְ צֹ צוּ

12 צָם צַר צֵל צוֹם צָב צַו צֵא צוּר

13 מִצְוָה מַצָּה רוֹצֶה צָרִיךְ צְדָקָה בֵּיצָה
חֲצִי יָצָא צַדִּיק

14 עֵץ רָץ מִיץ קֵץ קָפַץ בַּחוּץ קַיִץ

15 אַף נוֹף עוֹף קוֹף דַּף סוֹף אָלֶף־בֵּית

16 כֶּסֶף אֶרֶץ מֶלֶךְ עוֹף לֵךְ חֹרֶף קוֹל

17 הוּא אוֹכֵל פִּיצָה בְּאֶרֶץ יִשְׂרָאֵל.

18 צֶדֶק צֶדֶק תִּרְדֹּף.

19 מַה שְׁלוֹמְךָ? מַה שְׁלוֹמֵךְ?

20 *הוּא אוֹכֵל פִּיצָה בְּאֶרֶץ יִשְׂרָאֵל.*

21 *צֶדֶק צֶדֶק תִּרְדֹּף.*

22 *מַה שְׁלוֹמְךָ? מַה שְׁלוֹמֵךְ?*

סִפּוּר א׳

בֵּית־סֵפֶר[1].	[1]school
הַתַּלְמִידִים לוֹמְדִים עִבְרִית.	
הַמּוֹרֶה אוֹמֵר[1] אֶל הַתַּלְמִידִים: מִי לֹא פֹּה?	[1]says
הַתַּלְמִידִים אוֹמְרִים[1]: לֵאָה לֹא פֹּה.	[1]say
הִיא בַּבַּיִת[1] הַיּוֹם[2].	[1]house [2]today
הַמּוֹרֶה עוֹמֵד[1] לִפְנֵי[2] הַכִּתָּה.	[1]stands [2]in front of
הוּא מְדַבֵּר עִבְרִית.	
הוּא כּוֹתֵב עַל הַלּוּחַ.	
הַתַּלְמִידִים יוֹשְׁבִים. וְהֵם כּוֹתְבִים.	
גִּיל יוֹשֵׁב וְלֹא כּוֹתֵב.	
הַמּוֹרֶה אוֹמֵר אֶל גִּיל: גִּיל, מַדּוּעַ[1] אַתָּה יוֹשֵׁב וְלֹא כּוֹתֵב?	[1]why
גִּיל אוֹמֵר: אֲנִי לֹא כּוֹתֵב כִּי אֲנִי חוֹשֵׁב[1].	[1]think
הַמּוֹרֶה אוֹמֵר: עַל מָה אַתָּה חוֹשֵׁב?	
גִּיל אוֹמֵר: אֲנִי חוֹשֵׁב עַל הַחֲבֵרָה[1] שֶׁלִּי.	[1]friend (f.)

Vocabulary — מִלּוֹן א׳

school (m.)	בֵּית־סֵפֶר
say (m.s., m.pl.)	אוֹמֵר, אוֹמְרִים
house (m.)	בַּיִת
today (m.)	הַיּוֹם
day (m.)	יוֹם
stand (m.s., m.pl.)	עוֹמֵד, עוֹמְדִים
in front of	לִפְנֵי
why	מַדּוּעַ
think (m.s., m.pl.)	חוֹשֵׁב, חוֹשְׁבִים
friend (f.)	חֲבֵרָה
friend (m.)	חָבֵר

תַּרְגִּיל

Answer the following questions based on סִפּוּר א׳.

1 מָה לוֹמְדִים הַתַּלְמִידִים?
2 מִי לֹא בְּבֵית־הַסֵּפֶר?
3 אֵיפֹה עוֹמֵד הַמּוֹרֶה?
4 מִי לֹא כּוֹתֵב?
5 מַדּוּעַ הוּא לֹא כּוֹתֵב?
6 עַל מָה הוּא חוֹשֵׁב?

סִפּוּר ב׳

יוֹסֵף כַּץ מֵאֲמֵרִיקָה[1].	[1]from America
עַכְשָׁו[1] הוּא בְּאוּלְפָּן[2] בִּירוּשָׁלַיִם.	[1]now [2]ulpan
בָּאוּלְפָּן יוֹסֵף לוֹמֵד עִבְרִית.	
הוּא קוֹרֵא[1], כּוֹתֵב, וּמְדַבֵּר עִבְרִית.	[1]reads
יִצְחָק לֵוִי מִיִשְׂרָאֵל[1]. עַכְשָׁו הוּא בַּאֲמֵרִיקָה.	[1]from Israel
הוּא לוֹמֵד אַנְגְלִית[1] בְּאוּנִיבֶרְסִיטָה בְּנְיוּ יוֹרְק.	[1]English
בָּאוּנִיבֶרְסִיטָה הוּא קוֹרֵא סְפָרִים בְּאַנְגְלִית,	
אֲבָל[1] הוּא כּוֹתֵב אֶל הַמִשְׁפָּחָה בְּיִשְׂרָאֵל בְּעִבְרִית.	[1]but

Vocabulary — מִלּוֹן ב׳

from	מִ..., מֵ..., מִן
now	עַכְשָׁו
ulpan (language institute)	אוּלְפָּן
reads (m.s.)	קוֹרֵא
Israel	יִשְׂרָאֵל
English	אַנְגְלִית
but	אֲבָל

תַּרְגִּיל

Answer the following questions based on סִפּוּר ב׳.

1 אֵיפֹה יוֹסֵף עַכְשָׁו?
2 מַה הוּא לוֹמֵד?
3 אֵיפֹה הוּא לוֹמֵד?
4 מִי בַּאֲמֵרִיקָה עַכְשָׁו?
5 מַה הוּא לוֹמֵד?
6 אֵיפֹה הוּא לוֹמֵד?
7 אֶל מִי הוּא כּוֹתֵב?

סִפּוּר ג׳

אֲנִי בְּיִשְׂרָאֵל וְלוֹמֵד עִבְרִית בָּאוּלְפָּן.

הַמּוֹרָה שֶׁלִּי צִפּוֹרָה. הִיא בָּאָה[1] אֶל הַכִּתָּה — [1]comes

בַּבֹּקֶר[1] וְאוֹמֶרֶת[2]: בֹּקֶר טוֹב, תַּלְמִידִים. — [1]morning [2]says

הַיּוֹם אֲנַחְנוּ מְדַבְּרִים עִבְרִית וְלֹא אַנְגְלִית.

אֲנִי אוֹמֵר: אֲבָל הָאֲנָשִׁים[1] בְּיִשְׂרָאֵל — [1]people

מְדַבְּרִים אַנְגְלִית, וַאֲנִי אוֹמֵר אֶל הָאֲנָשִׁים:

"בְּבַקָּשָׁה[1] עִבְרִית, וְלֹא אַנְגְלִית. — [1]please

אֲנִי מְדַבֵּר עִבְרִית פֹּה."

הַמּוֹרָה אוֹמֶרֶת: נָכוֹן[1], הֵם מְדַבְּרִים אַנְגְלִית — [1]correct

לַאֲמֵרִיקָאִים.

אֲנִי אוֹמֵר: אֲבָל אֲנִי מְדַבֵּר עִבְרִית בְּיִשְׂרָאֵל

וְלֹא אַנְגְלִית.

Vocabulary — מִלּוֹן ג׳

comes (f.s.)	בָּאָה
morning (m.)	בֹּקֶר
says (f.s.)	אוֹמֶרֶת
people (m.)	אֲנָשִׁים
please	בְּבַקָּשָׁה
correct	נָכוֹן

תַּרְגִּיל

Answer the following questions based on סִפּוּר ג׳.

1 מִי צִפּוֹרָה?
2 מַה הִיא אוֹמֶרֶת?
3 מַה מְדַבְּרִים הַתַּלְמִידִים בַּכִּתָּה?
4 מַה מְדַבְּרִים הָאֲנָשִׁים בְּיִשְׂרָאֵל?
5 אֵיפֹה אֲנָשִׁים לוֹמְדִים עִבְרִית?

תַּרְגִּילִים

A. Translate.

1 בְּיִשְׂרָאֵל הָאֲנָשִׁים מְדַבְּרִים עִבְרִית וְאַנְגְּלִית.
2 הַמּוֹרָה אוֹמֶרֶת: בְּבַקָּשָׁה, עִבְרִית וְלֹא אַנְגְּלִית בַּכִּתָּה.
3 הַתַּלְמִידִים לוֹמְדִים בָּאוּנִיבֶרְסִיטָה בַּבֹּקֶר.
4 אֲנַחְנוּ כּוֹתְבִים וְקוֹרְאִים עִבְרִית עַכְשָׁו.
5 הַיּוֹם הוּא חוֹשֵׁב עַל הַחֲבֵרָה.
6 מַדּוּעַ הַכֶּלֶב עוֹמֵד לִפְנֵי הַבַּיִת?

B. Cross out one word to make a correct Hebrew sentence.

1 דָּוִד אוֹמֵר יוֹשֵׁב עַל כִּסֵּא בַּחֶדֶר.
2 הוּא עוֹמֵד לִפְנֵי עַל הַלּוּחַ.
3 הַרְבֵּה נָכוֹן אֲנָשִׁים מְדַבְּרִים עִבְרִית.
4 בַּבֹּקֶר הַמּוֹרָה בָּאָה תּוֹדָה אֶל הַכִּתָּה.
5 מִי מַדּוּעַ אַתָּה לֹא מְדַבֵּר עִבְרִית?

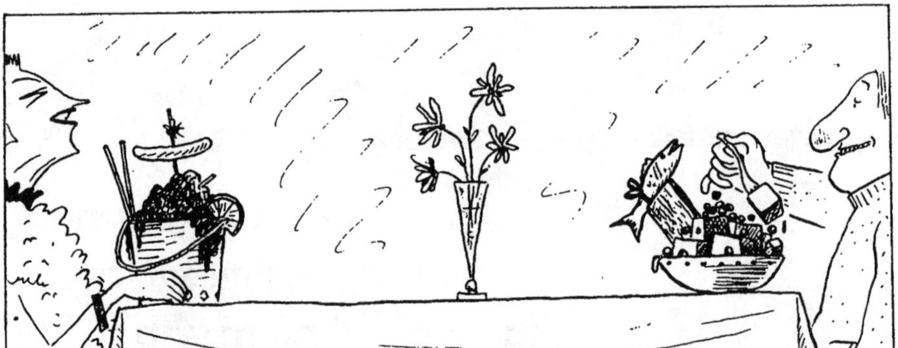

Unit 7

Diphthongs

□ֵי	day
□ַי	my
□וֹי	toy
□וּי	fooey
□ָיו	slav

1 בֵּית־סֵפֶר אֵין לִפְנֵי אֵיפֹה שְׁנֵי
בְּנֵי־יִשְׂרָאֵל שְׁנֵי שְׁתֵּי בְּנֵי־בְּרִית
2 חַי דַּי אוּלַי עָלַי מָתַי רַבּוֹתַי
מִצְווֹתַי סִפּוּרַי
3 גּוֹי אוֹי וַאֲבוֹי נוֹי כּוֹי הוֹי
4 תָּלוּי גָּלוּי וִדּוּי בָּנוּי רָצוּי צִוּוּי
5 אֵלָיו יָדָיו עָלָיו בָּנָיו עֵינָיו מִצְווֹתָיו

Composite vowels

□ֲ father

□ֱ get

□ֳ saw

1 אֲנִי אֲנַחְנוּ חֲנֻכָּה חֲבֵרִים צָעֲקוּ אַהֲבָה

2 אֱמֶת אֱלֹהִים הֶאֱמִין נֶאֱמָן לֶאֱכֹל

3 אֳנִיָּה צָהֳרַיִם צִפֳּרִים חֳדָשִׁים אָהֳלִים

Borrowed foreign sounds

צ' Charley Chaplin

ג' Judy

ז' garage

The symbol ' is combined with letters to represent words of foreign origin.

1 צַ'רְלִי צַ'פְּלִין צ'וֹלֶנְט צִ'יפְּס צֶ'ק
צֶ'רְצִ'יל

2 ג'וּדִי גֶ'לִי גִ'ינְס גִ'ינְגֶ'ר־אֵיל ג'וֹרְג'

3 גָרָז' זַ'קֶט בֵּז' זַ'בּוֹטִינְסְקִי קוֹרְסַז'
זַ'ק

סִפּוּר א׳

צַ׳רְלִי הוֹלֵךְ[1] עִם[2] הַמִּשְׁפָּחָה אֶל [1]goes [2]with
סַן פְרַנְסִיסְקוֹ. הוּא רוֹצֶה[1] לֶאֱכֹל (to eat). [1]wants
הוּא רוֹאֶה[1] מִסְעָדָה (restaurant) יָפָה מְאֹד[2]. [1]sees [2]very
שֵׁם[1] הַמִּסְעָדָה "גִ׳רַדֶלִי". [1]name
בַּמִּסְעָדָה יֵשׁ[1] פִּיצָה, סְטֵיק, סָלָט, הַמְבּוּרְגֶר, [1]there is
סְפַּגֶטִי וְצִ׳יפְּס. גַּם יֵשׁ מַיִם[1] עַל הַשֻּׁלְחָן. [1]water
צַ׳רְלִי אוֹכֵל[1] פִּיצָה וְסָלָט. [1]eats
"אוֹי," אוֹמֵר צַ׳רְלִי, "יֵשׁ לִי[1] ג׳וּק (cockroach) [1]I have
בַּסָּלָט."
"אוֹי וַאֲבוֹי," אוֹמֶרֶת ג׳וּדִי, הָאִשָּׁה שֶׁל צַ׳רְלִי.
"אֲנִי רוֹאָה[1] ג׳וּק גָּדוֹל בַּסָּלָט. זֶה רַע[2] מְאֹד." [1]see [2]bad
צַ׳רְלִי אוֹמֵר, "אֲנִי לֹא נוֹתֵן[1] [1]give
כֶּסֶף[1] לֶאֱכֹל ג׳וּקִים." [1]money
הוּא עוֹמֵד וְהוֹלֵךְ מִן הַמִּסְעָדָה.

מִלון א׳

goes, walks (m.s.)	הוֹלֵךְ
with	עִם
wants (m.s., f.s.)	רוֹצֶה, רוֹצָה
sees (m.s., f.s.)	רוֹאֶה, רוֹאָה
very	מְאֹד
name (m.)	שֵׁם
there is, there are	יֵשׁ
water (m.pl.)	מַיִם
eats (m.s.)	אוֹכֵל
I have	יֵשׁ לִי
bad (m.)	רַע
gives (m.s.)	נוֹתֵן
money (m.)	כֶּסֶף

תַּרְגִּילִים

A. Answer the following questions.

1 אֵיפֹה הַמִּשְׁפָּחָה שֶׁל צַ׳רְלִי?

2 מָה אוֹכֵל צַ׳רְלִי?

3 מָה רוֹאֶה צַ׳רְלִי בַּסַּלַט?

4 מַה אוֹמֶרֶת הָאִשָּׁה שֶׁל צַ׳רְלִי?

5 מַדּוּעַ צַ׳רְלִי לֹא נוֹתֵן כֶּסֶף?

B. Select the correct word.

1 הוּא (עוֹמֵד הוֹלֵךְ) אֶל סַן פְרַנְסִיסְקוֹ.

2 הָאִישׁ (רוֹצֶה כּוֹתֵב) אִשָּׁה.

3 דָן (יוֹשֵׁב רוֹאֶה) יַלְדָּה יָפָה.

4 אַבָּא (אוֹכֵל לוֹמֵד) סְפַּגֶטִי.

5 אֲנִי (נוֹתֵן אוֹמֵר) כֶּסֶף אֶל יִשְׂרָאֵל.

C. Make up sentences using these phrases.

1 יֵשׁ לִי

2 בַּבֹּקֶר דָּנִי אוֹכֵל

3 בַּכִּתָּה אֲנִי רוֹאֶה/רוֹאָה

4 הַמּוֹרֶה אוֹמֵר

5 הַתַּלְמִיד לוֹמֵד

סִפּוּר ב׳

גַ׳ק וְגִ׳יל בְּתֵל אָבִיב.
הֵם הוֹלְכִים בִּרְחוֹב (street) זַ׳בּוֹטִינְסְקִי.
גַ׳ק שׁוֹמֵעַ[1] מוּסִיקָה. [1]hears
גִ׳יל רוֹאָה דִיסְקוֹ וְהִיא אוֹמֶרֶת:
"הִנֵּה דִיסְקוֹ."
הֵם הוֹלְכִים אֶל הַדִיסְקוֹ.
הֵם שׁוֹמְעִים[1] שִׁיר[2]: [1]hear [2]song
אַחַת[1], שְׁתַּיִם[2], שָׁלוֹשׁ[3] [1]one [2]two [3]three
הַיָּד[1] עַל הָרֹאשׁ[2] [1]hand [2]head
אַרְבַּע[1], חָמֵשׁ[2], שֵׁשׁ[3] [1]four [2]five [3]six
אִשָּׁה יָפָה לִי יֵשׁ.
גַ׳ק אוֹמֵר אֶל גִ׳יל:
"גַּם[1] יֵשׁ לִי אִשָּׁה יָפָה!" [1]also

מִלּוֹן ב׳

hears (m.s., m.pl.)	שׁוֹמֵעַ, שׁוֹמְעִים
song (m.)	שִׁיר
one (f.)	אַחַת
two (f.)	שְׁתַּיִם
three (f.)	שָׁלוֹשׁ
four (f.)	אַרְבַּע
five (f.)	חָמֵשׁ
six (f.)	שֵׁשׁ
hand (f.)	יָד
head (m.)	רֹאשׁ
also	גַּם

תַּרְגִּילִים

A. Make up as many sentences as possible by using a word from column A and one from column B.

B	A
סִפּוּר	יֵשׁ לִי
שִׁיר	הוּא שׁוֹמֵעַ
כֶּסֶף	זֶה
רֹאשׁ	אֵיפֹה

B. Write the answer to these problems in numbers.

1 אַחַת
\+ שָׁלוֹשׁ

2 חָמֵשׁ
\+ אַחַת

3 שְׁתַּיִם
\+ אַרְבַּע

4 שְׁתַּיִם
\+ שָׁלוֹשׁ

5 שְׁתַּיִם
\+ אַחַת

C. Translate.

1 They hear a song.
2 The hand is on the head.
3 I have a pretty wife (woman).
4 She sees money on the table.
5 In the morning he eats and goes to school.

סִפּוּר ג׳

לֵוִי אוֹמֵר: מַדּוּעַ אֵין[1] שֶׁקֶט[2]	[1]there is no [2]quiet
בַּבַּיִת? אֲנִי לֹא יוֹדֵעַ[1].	[1]know
אֲנִי קוֹרֵא סֵפֶר עַכְשָׁו וַאֲנִי רוֹצֶה שֶׁקֶט.	
הַשָּׁבוּעַ[1] אֲנִי בַּבַּיִת כִּי יֵשׁ לִי חוֹפֶשׁ (vacation).	[1]this week
כָּל[1] הַשָּׁנָה[2] אֲנִי לוֹמֵד בָּאוּנִיבֶרְסִיטָה.	[1]all [2]year
בַּבֹּקֶר אֲנִי לוֹמֵד פְּסִיכוֹלוֹגְיָה, מָתֵמָטִיקָה,	
וְגַם מוּסִיקָה. בָּעֶרֶב[1] אֲנִי לוֹמֵד פִילוֹסוֹפְיָה,	[1]evening
הִסְטוֹרְיָה וְעִבְרִית.	

בָּאוּנִיבֶרְסִיטָה אֵין שֶׁקֶט –	
הַסְטוּדֶנְטִים מְדַבְּרִים, וְהַפְּרוֹפֶסוֹרִים מְדַבְּרִים –	
וְאֵין שֶׁקֶט.	
וְעַכְשָׁו גַם בַּבַּיִת אֵין שֶׁקֶט.	
מַדּוּעַ אֵין שֶׁקֶט בַּבַּיִת? זֹאת הַשְּׁאֵלָה[1]!	[1]question
אֲנִי לוֹקֵחַ[1] זַ׳קֶט וְכֶסֶף, וְהוֹלֵךְ אֶל	[1]take
קוֹנְצֶרְט שֶׁל רוֹק!	

מִלּוֹן ג׳

there is no, there are no	אֵין
quiet	שֶׁקֶט
knows (m.s.)	יוֹדֵעַ
week (m.)	שָׁבוּעַ
this week	הַשָּׁבוּעַ
all	כָּל
year (f.)	שָׁנָה
evening	עֶרֶב
question (f.)	שְׁאֵלָה
takes (m.s.)	לוֹקֵחַ

תַּרְגִּיל

Select the correct word to complete each sentence.

שְׁאֵלָה   יוֹדֵעַ   שֶׁקֶט   אֵין   שָׁנָה   לוֹקֵחַ   שָׁבוּעַ

1 הוּא ______ כֶּסֶף וְהוֹלֵךְ לְקוֹנְצֶרְט.

2 אֵיפֹה דָּוִד? אֲנִי לֹא ______.

3 הַמּוֹרֶה אוֹמֵר: ______, בְּבַקָּשָׁה.

4 בַּבַּיִת שֶׁלִּי ______ ג׳וּקִים.

5 כָּל הַ______ אֲנִי לוֹמֵד בָּאוּנִיבֶרְסִיטָה.

6 זֹאת ______ טוֹבָה.

7 "______ טוֹבָה," אוֹמְרִים הָאֲנָשִׁים.

סִפּוּר ד׳

בְּיִשְׂרָאֵל יֵשׁ הַרְבֵּה אֲנָשִׁים מִכָּל הָעוֹלָם (world).

הֵם בָּאִים[1] מִקָּנָדָה, רוּסְיָה, אַרְצוֹת הַבְּרִית (U.S.) — [1]come

מָרוֹקוֹ, אַרְגֶ׳נְטִינָה, מֶקְסִיקוֹ,

וְגַם אוֹסְטְרַלְיָה וְאַפְרִיקָה.

הֵם הוֹלְכִים[1] לְאוּלְפָּן וְלוֹמְדִים עִבְרִית. — [1]go

הֵם לוֹמְדִים גַּם בַּבֹּקֶר וְגַם בָּעֶרֶב.

הֵם מְדַבְּרִים, כּוֹתְבִים וְקוֹרְאִים[1] עִבְרִית. — [1]read

הֵם שְׂמֵחִים (happy) כִּי הֵם בְּיִשְׂרָאֵל עַכְשָׁו.

מִלּוֹן ד׳

בָּאִים	come (m.s., m.pl.)
הוֹלֵךְ, הוֹלְכִים	go, walk (m.s., m.pl.)
לְ...	to
קוֹרֵא, קוֹרְאִים	read (m.pl.)

Songs

1 הֵבֵאנוּ שָׁלוֹם עֲלֵיכֶם.

2 הִנֵּה מַה טּוֹב וּמַה נָּעִים
שֶׁבֶת אַחִים גַּם יָחַד.

3 דָּוִד מֶלֶךְ יִשְׂרָאֵל
חַי וְקַיָּם.

יַעֲשֶׂה שָׁלוֹם, יַעֲשֶׂה שָׁלוֹם,
שָׁלוֹם עָלֵינוּ וְעַל כָּל־יִשְׂרָאֵל. (6)

4 אֲנִי מַאֲמִין (3)
בֶּאֱמוּנָה שְׁלֵמָה
בְּבִיאַת הַמָּשִׁיחַ (2)
אֲנִי מַאֲמִין (2)

5 עוֹשֶׂה שָׁלוֹם בִּמְרוֹמָיו
הוּא יַעֲשֶׂה שָׁלוֹם עָלֵינוּ
וְעַל כָּל־יִשְׂרָאֵל
וְאִמְרוּ, אִמְרוּ אָמֵן. (2)

הַתִּקְוָה

כָּל עוֹד בַּלֵּבָב פְּנִימָה
נֶפֶשׁ יְהוּדִי הוֹמִיָּה
וּלְפַאֲתֵי מִזְרָח קָדִימָה
עַיִן לְצִיּוֹן צוֹפִיָּה.

עוֹד לֹא אָבְדָה תִּקְוָתֵנוּ
הַתִּקְוָה שְׁנַת אַלְפַּיִם
לִהְיוֹת עַם חָפְשִׁי בְּאַרְצֵנוּ
אֶרֶץ צִיּוֹן וִירוּשָׁלַיִם. (2)

Biblical Verses*

1 בְּרֵאשִׁית בָּרָא אֱלֹהִים אֵת הַשָּׁמַיִם וְאֵת הָאָרֶץ.

(בְּרֵאשִׁית א, א)

In the beginning God created the heavens and the earth.

(Genesis 1:1)

2 ... הַקֹּל קוֹל יַעֲקֹב וְהַיָּדַיִם יְדֵי עֵשָׂו. (בְּרֵאשִׁית כז, כב)

... the voice is the voice of Jacob, but the hands are the hands of Esau. (Genesis 27:22)

3 מַה טֹּבוּ אֹהָלֶיךָ יַעֲקֹב, מִשְׁכְּנֹתֶיךָ יִשְׂרָאֵל. (בַּמִּדְבָּר כד, ה)

How goodly are your tents, O Jacob, your dwellings, O Israel.

(Numbers 24:5)

4 ... לֹא יִשָּׂא גוֹי אֶל גּוֹי חֶרֶב, וְלֹא יִלְמְדוּ עוֹד מִלְחָמָה.

(יְשַׁעְיָה ב, ד)

... Nation shall not take up sword against nation: they shall never again know war. (Isaiah 2:4)

* As was explained in the section **To the Student** at the beginning of the **Primer**, in modern Hebrew there are three letters whose sound will change when there is a dot (**dagesh**) in the center of the letter: ב – בּ כ – כּ פ – פּ
You will note other dots inside consonants in these biblical selections. They have a grammatical significance, but do not change the pronunciation of the consonant.

5 ... שָׁלוֹם שָׁלוֹם וְאֵין שָׁלוֹם. (יִרְמְיָה ו, יד)

... Peace, peace, but there is no peace. (Jeremiah 6:14)

6 דּוֹדִי לִי וַאֲנִי לוֹ ... (שִׁיר הַשִּׁירִים ב, טז)

My beloved is mine and I am his ...

(Song of Songs 2:16)

7 ... כִּי אֶל אֲשֶׁר תֵּלְכִי אֵלֵךְ, וּבַאֲשֶׁר תָּלִינִי אָלִין, עַמֵּךְ עַמִּי
וֵאלֹהַיִךְ אֱלֹהָי. (רוּת א, טז)

... for wherever you lodge, I will lodge; your people shall be my people, and your God my God. (Ruth 1:16)

The Hebrew Alphabet

Printed Form	Written Form	Name of Letter	Trans- literation
א	א	ah-leph	silent
בּ	בּ	beht	b
ב	ב	veht	v
ג	ג	gee-mel	g
ד	ד	dah-let	d
ה	ה	heh	h
ו	ו	vahv	v
ז	ז	zah-yin	z
ח	ח	heht	ḥ
ט	ט	teht	ṭ
י	י	yohd	y
כּ	כּ	kahf	k
כ ך	כ ך	khahf	kh
ל	ל	lah-med	l
מ ם	מ ם	mem	m
נ ן	נ ן	nun	n
ס	ס	sah-mekh	s
ע	ע	ah-yin	*silent*
פּ	פּ	peh	p
פ ף	פ ף	feh	f
צ ץ	צ ץ	tsah-dee	ts
ק	ק	kof	q
ר	ר	rehsh	r
שׁ	שׁ	sheen	sh
שׂ	שׂ	seen	s
תּ ת	תּ ת	tav	t

The Hebrew Vowels

	Sound		Name
□ַ	ah	father	pataḥ
□ָ	ah		kamats
□ִ	ee	bee	ḥirik
□ֵ	eh	get	tsereh
□ֶ	eh		segol
וֹ□	o	more	ḥolam
□ֹ	o		ḥolam ḥaser
וּ□	oo	too	shuruk
□ֻ	oo		kubuts
□ְ	marks beginning or end of syllable		sheva

Composite Vowels

□ֲ	ah	father
□ֱ	eh	get
□ֳ	aw	saw

Diphthongs

□ֵי	ay	day
□ַי	eye	my
□וֹי	oy	toy
□וּי	ooey	fooey
□ָיו	av	slav

Hebrew Script: Writing and Reading

Here are the print-forms of the Hebrew letters and their script equivalents. This list is not arranged according to the *alphabet*. Rather, the letters are grouped according to their similarity of written form, and in the order of increasing complexity. Practice writing the letters in the lines provided.

Section I

Script	Print
	ר
	ה
	ח
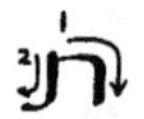	ת
	ק

Script	Print
	כ
	ר
	ב
	פ
	ד
	צ

Reading Exercise

תַּרְגִּיל בִּקְרִיאָה

Read these words.

1 רַק הַר קַר פַּר בָּה צַר דַּת

2 כַּד צַד בַּת בַּר רַב פֶּה פֹּה

3 כִּפָּה כִּתָּה כָּבָה חֶדֶר תַּחַת

4 חָבֵר דָּבָר רָצָה צָחַק פָּתַח

5 חֲבֵרָה הַרְבֵּה צְדָקָה בְּרָכָה

6 פַּרְפַּר רִצְפָּה בְּרֵכָה רָכַב

Section 2

Script	Print
	ס
	ם
	ע
	י
	ו
	ן
	נ

Script	Print
	מ
	ט
	א
	ש
	ל
	ץ
	ף

	Script	Print
________________________________	ג	ג
________________________________		
________________________________	ז	ז
________________________________		

Reading Exercise תַּרְגִּיל בִּקְרִיאָה

Read these words.

1 עִם מִן עַם אָב יֵשׁ עֵט אֵשׁ

2 שֵׁשׁ גַם גַן יָם לֹא זָז שֶׁל

3 עֵץ חַג שָׂמֵחַ עַף גַג אֶל לִי

4 שָׁלוֹשׁ נָסַע יוֹם אִישׁ אֵין שֶׁמֶן

5 עוֹף סוֹף גוּף זוּג זוּז אֶלֶף

6 מִיץ גָמָל גֶשֶׁם מַזָל טוֹב

7 שָׁלוֹם עֲלֵיכֶם עוֹלָם נוֹסֵעַ

8 אֲנָשִׁים מִלִים עֲנָנִים שֶׁלָנוּ

Notice the Differences

Many letters resemble each other in Hebrew print and script. It is important to differentiate between them.

In *print*, the following pairs resemble each other:

ף ך	פ כ	ב כ
	ם ס	ה ח
	ד ר	ת ח

In *script*, the following pairs resemble each other:

 The left is open; the small line is curved.
 The left is closed with a straight line.

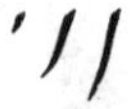 These are all straight lines, but they differ in length.

 These letters are the mirror image of each other.
Hint for remembering: , the letter that can be made more easily into a "G" is the letter that has the sound G.

 Larger and curvier at the bottom.
 Smaller and stops at the line.

 Curves around like a backwards "C".
 Stops at the bottom of the line.

 Has an extra little line at the bottom left.
 Stops at the bottom of the line.

Reading Exercise

תַּרְגִּיל בִּקְרִיאָה

Read these familiar English words that are commonly used in modern Hebrew.

1. אוֹטוֹ רַדְיוֹ טֶלֶפוֹן טֶלֶוִיזְיָה
2. פִּיצָה קוֹקָה-קוֹלָה סְפַּגֶטִי הַמְבּוּרְגֶר
3. קַפֶטֶרְיָה סְטֵיק קָפֶה מַקָרוֹנִי
4. סְפּוֹרְט פִּינְג-פּוֹנְג טַקְסִי סְטוּדֶנְט
5. בַּנְק מוּזֵיאוֹן קוֹנְצֶרְט דִיסְקוֹ
6. בְּרֵייקְס ג'ינְס בִּירָה דוֹלָר
7. אַנְגְלִיָה אַלַסְקָה אִיטַלְיָה בְּרַזִיל
8. יַפָּן לוֹנְדוֹן רוֹמָא הוֹנְג קוֹנְג
9. פָּרִיז מִסִיסִיפִּי קָלִיפוֹרְנְיָה
10. לַאס וֶגָאס טֶקְסַס אוֹהַיוֹ בּוֹסְטוֹן

סִפּוּר

טֶלֶפוֹן

ר... ר... ר... ר...... (ring)

- הַלּוֹ -
- הַלּוֹ - מְדַבֵּר אִילָן.

לִיאוֹרָה, אַתְּ בַּכִּתָּה שֶׁלִּי בָּאוּנִיבֶרְסִיטָה
כָּל יוֹם. אַתְּ אִשָּׁה יָפָה מְאוֹד. אַתְּ אִשָּׁה
טוֹבָה מְאוֹד. וְגַם אַתְּ אִשָּׁה.....

- מִי זֶה?
- וְאַתְּ סְטוּדֶנְטִית טוֹבָה. וְאַתְּ...
- מִי זֶה?
- אַתְּ רוֹצָה לָלֶכֶת (to go) לְקוֹנְצֶרְט
הָעֶרֶב? יֵשׁ קוֹנְצֶרְט בַּקַּמְפּוּס הָעֶרֶב. כָּל
הַסְּטוּדֶנְטִים הוֹלְכִים...

- מִי זֶה?
- אֲנִי אִילָן.
- מִי זֶה אִילָן?

- אֲנַחְנוּ לוֹמְדִים עִבְרִית בָּאוּנִיבֶרְסִיטָה.
- מָה זֶה עִבְרִית? אֲנִי לֹא תַּלְמִידָה.

אֲנִי לֹא בָּאוּנִיבֶרְסִיטָה. אֲנִי בַּבַּיִת כָּל הַיּוֹם.
יֵשׁ לִי כֶּלֶב גָּדוֹל, אַרְבַּע יְלָדוֹת (girls)
וְיֶלֶד קָטָן (little)!...

- מָה? אַתְּ לֹא לִיאוֹרָה גִּינְזְבֶּרְג?
- לִיאוֹרָה! מִי זֹאת לִיאוֹרָה?

אֲנִי קֵרֶן קֶנֶדִי.

- אוֹי וַאֲבוֹי! שָׁלוֹם.

Writing Exercises

תַּרְגִּילִים בִּכְתִיבָה

A. Copy these sentences in script.

1 אֲנִי אִמָּא. אֲנִי תַּמִּי. אֲנִי אַנָּה.

2 מִי אַתָּה? אֲנִי מַתִּי.

3 שָׁלוֹם מוֹרֶה. שָׁלוֹם תַּלְמִיד. שָׁלוֹם תַּלְמִידָה.

4 שָׁלוֹם תַּלְמִידִים. שָׁלוֹם תַּלְמִידוֹת.

5 מֹשֶׁה וְלֵוִי בַּכִּתָּה? כֵּן, הֵם בַּכִּתָּה.

6 חַנָּה וְלֵאָה בַּכִּתָּה? כֵּן, הֵן בַּכִּתָּה.

7 מַה זֶּה? זֶה כִּסֵּא. זֶה גִּיר. זֶה שֻׁלְחָן.

8 זֶה סֵפֶר. זֶה סִפּוּר. זֶה חַלּוֹן.

B. Copy these sentences in script.

1 מַה זֶה? זֶה עִפָּרוֹן. זֶה עֵט. זֶה חָבֵר.

2 זֶה כֶּלֶב. זֶה לוּחַ. זֶה יַיִן. זֶה בַּיִת.

3 הוּא אוֹכֵל פִּיצָה בְּאֶרֶץ יִשְׂרָאֵל.

4 צֶדֶק צֶדֶק תִּרְדֹּף.

5 מַה שְׁלוֹמְךָ? מַה שְׁלוֹמֵךְ?

6 עָלָיו בָּנָיו עֵינָיו מִצְווֹתָיו צִווּי

7 אֲנִיָּה צָהֳרַיִם צִפֳּרִים חֲדָשִׁים

8 גֶ'לִי גִ'ינְס גָרָז' זַ'קֶט צ'וֹלֶנְט צִ'יפְּס

מִלוֹן

א

אַבָּא	3	father, Dad
אֲבָל	6	but
אוֹכֵל	7	eats (m.s.)
אוֹמֵר	6	says (m.s.)
אוֹמְרִים	6	say (m.pl.)
אוֹמֶרֶת	6	says (f.s.)
אוּנִיבֶרְסִיטָה	5	university
אָח	4	brother
אָחוֹת	4	sister
אַחַת	7	one (f.)
אֵין	7	there is no, there are no
אֵיפֹה	5	where
אִישׁ	2	man
אֶל	5	to
אִמָּא	1	mother
אַנְגְּלִית	6	English
אֲנַחְנוּ	3	we
אֲנִי	1	I
אֲנָשִׁים	6	people
אַרְבַּע	7	four (f.)
אִשָּׁה	2	woman, wife
אַתְּ	1	you (are) (f.s.)
אַתָּה	1	you (are) (m.s.)
אַתֶּם	3	you (m.pl.)
אַתֶּן	3	you (f.pl.)

ב

...בְּ	3	in
...בַּ	3	in the
בָּאָה	6	comes (f.s.)
בָּאִים	7	come (m.pl.)
בְּבַקָּשָׁה	6	please
בַּיִת	6	house (m.)
בֵּית־סֵפֶר	6	school
בֵּן	3	son
בֹּקֶר	6	morning (m.)
בַּת	3	daughter

ג

גָּדוֹל	4	big (m.)
גִּיר	4	chalk (m.)
גַּם	7	also
גַּן	4	garden, park (m.)

ד

דֶּלֶת	4	door (f.)

ה

הַ... הָ...	2	the
הוּא	3	he
הוֹלֵךְ	7	goes, walks (m.s.)
הוֹלְכִים	7	go, walk (m.pl.)
הִיא	2	she
הַיּוֹם	6	today
הֵם	3	they (m.)
הֵן	3	they (f.)
הִנֵּה	5	here is
הַשָּׁבוּעַ	7	this week

ו

וְ...	3	and

ז

זֹאת	4	this (f.)
זֶה	4	this (m.)

ח

חָבֵר	6	friend (m.)
חֲבֵרָה	6	friend (f.)
חֶדֶר	4	room (m.)
חוֹשֵׁב	6	thinks (m.s.)
חוֹשְׁבִים	6	think (m.pl.)
חַלּוֹן	4	window (m.)
חָמֵשׁ	7	five (f.)

ט

טוֹב	5	good (m.)
טוֹבָה	5	good (f.)

י

יָד	7	hand (f.)
יוֹדֵעַ	7	knows (m.s.)
יוֹם	6	day (m.)
יוֹשֵׁב	5	sits (m.s.)
יוֹשְׁבִים	5	sit (m.pl.)
יֶלֶד	5	boy
יַלְדָּה	5	girl
יְלָדִים	5	boys, children
יָפֶה	5	pretty, nice (m.)
יָפָה	5	nice, pretty (f.)
יְרוּשָׁלַיִם	5	Jerusalem
יֵשׁ	7	there is, there are
יֵשׁ לִי	7	I have
יִשְׂרָאֵל	6	Israel

כ

5 writes (m.s.) כּוֹתֵב
5 write (m.pl.) כּוֹתְבִים
4 because כִּי
7 all כָּל
5 dog (m.) כֶּלֶב
3 yes כֵּן
4 chair (m.) כִּסֵּא
7 money (m.) כֶּסֶף
3 class (f.) כִּתָּה

ל

7 to לְ...
2 no לֹא
5 chalkboard (m.) לוּחַ
5 study, learn (m.pl.) לוֹמְדִים
7 takes (m.s.) לוֹקֵחַ
6 in front of לִפְנֵי

מ

6 from מִ..., מֵ..., מִן
7 very מְאֹד
5 speaks (m.s.) מְדַבֵּר
5 speak (m.pl.) מְדַבְּרִים
6 why מַדּוּעַ
1 what מַה
2 teacher (m.s.) מוֹרֶה
2 teacher (f.s.) מוֹרָה
4 notebook (f.) מַחְבֶּרֶת
1 who מִי
7 water (m.pl.) מַיִם
4 family מִשְׁפָּחָה

נ

7 gives (m.s.) נוֹתֵן
6 correct נָכוֹן

ס

4 sukkah, booth (f.) סֻכָּה
4 story (m.) סִפּוּר
4 book (m.) סֵפֶר

ע

5 Hebrew (f.) עִבְרִית
6 stands (m.s.) עוֹמֵד
6 stand (m.pl.) עוֹמְדִים
6 now עַכְשָׁו
5 on, about עַל
7 with עִם
5 pencil (m.) עִפָּרוֹן
7 evening (m.) עֶרֶב

פ

4 here פֹּה

ק

6 reads (m.s.) קוֹרֵא
7 read (m.pl.) קוֹרְאִים

ר

7	head (m.)	רֹאשׁ
7	sees (m.s.)	רוֹאֶה
7	wants (m.s.)	רוֹצֶה
7	bad (m.)	רַע

ש

7	question (f.)	שְׁאֵלָה
7	week (m.)	שָׁבוּעַ
7	hears (m.s.)	שׁוֹמֵעַ
7	hear (m.pl.)	שׁוֹמְעִים
7	song (m.)	שִׁיר
2	of	שֶׁל
2	hello, good-bye, peace	שָׁלוֹם
3	three (f.)	שָׁלוֹשׁ
4	table (m.)	שֻׁלְחָן
2	my, mine	שֶׁלִּי
7	name (m.)	שֵׁם
7	year (f.)	שָׁנָה
7	quiet	שֶׁקֶט
7	six (f.)	שֵׁשׁ
7	two (f.)	שְׁתַּיִם

ת

5	thanks	תּוֹדָה
2	student (m.s.)	תַּלְמִיד
2	student (f.s.)	תַּלְמִידָה
3	students (f.pl.)	תַּלְמִידוֹת
3	students (m.pl.)	תַּלְמִידִים

Word Groups

HOME

house	בַּיִת
door	דֶּלֶת
window	חַלּוֹן
room	חֶדֶר
table	שֻׁלְחָן
chair	כִּסֵּא
garden, park	גַּן

TIME

day	יוֹם
today	הַיּוֹם
week	שָׁבוּעַ
this week	הַשָּׁבוּעַ
year	שָׁנָה
morning	בֹּקֶר
evening	עֶרֶב
now	עַכְשָׁו

FAMILY

father	אַבָּא
mother	אִמָּא
son	בֵּן
daughter	בַּת
brother	אָח
sister	אָחוֹת
family	מִשְׁפָּחָה
man	אִישׁ
woman, wife	אִשָּׁה
people, men	אֲנָשִׁים
boy	יֶלֶד
girl	יַלְדָּה
children	יְלָדִים
friend (m.)	חָבֵר
friend (f.)	חֲבֵרָה
dog	כֶּלֶב

VERBS

eats	אוֹכֵל
walks, goes	הוֹלֵךְ
comes	בָּא
sits	יוֹשֵׁב
stands	עוֹמֵד
sees	רוֹאֶה
hears	שׁוֹמֵעַ
says	אוֹמֵר
speaks	מְדַבֵּר
gives	נוֹתֵן
takes	לוֹקֵחַ
wants	רוֹצֶה
knows	יוֹדֵעַ
studies, learns	לוֹמֵד
reads	קוֹרֵא
thinks	חוֹשֵׁב
writes	כּוֹתֵב

SCHOOL

teacher (m.)	מוֹרֶה
teacher (f.)	מוֹרָה
student (m.)	תַּלְמִיד
student (f.)	תַּלְמִידָה
students	תַּלְמִידִים
classroom	כִּתָּה
school	בֵּית־סֵפֶר
chalkboard	לוּחַ
chalk	גִּיר
book	סֵפֶר
notebook	מַחְבֶּרֶת
pencil	עִפָּרוֹן
story	סִפּוּר
song	שִׁיר
question	שְׁאֵלָה

PRONOUNS

I	אֲנִי
you (m.s.)	אַתָּה
you (f.s.)	אַתְּ
he	הוּא
she	הִיא
we	אֲנַחְנוּ
you (m.pl.)	אַתֶּם
you (f.pl.)	אַתֶּן
they (m.)	הֵם
they (f.)	הֵן
this (m.)	זֶה
this (f.)	זֹאת

ADJECTIVES

good	טוֹב
bad	רַע
nice, pretty	יָפֶה
big	גָּדוֹל
small	קָטָן
every	כָּל
mine	שֶׁלִּי

QUESTION AND ANSWER WORDS

what	מַה
where	אֵיפֹה
who	מִי
why	מַדּוּעַ
yes	כֵּן
no	לֹא
correct	נָכוֹן
there is	יֵשׁ
there is no	אֵין
because	כִּי

NUMBERS

one	אַחַת
two	שְׁתַּיִם
three	שָׁלוֹשׁ
four	אַרְבַּע
five	חָמֵשׁ
six	שֵׁשׁ

HELPFUL WORDS

hello, goodbye, peace	שָׁלוֹם
please	בְּבַקָּשָׁה
thank you	תּוֹדָה
I have	יֵשׁ לִי
here (is)	הִנֵּה
here	פֹּה
name	שֵׁם
money	כֶּסֶף
water	מַיִם
also	גַּם
and	וְ...
head	רֹאשׁ
hand	יָד
quiet	שֶׁקֶט
English	אַנְגְּלִית
Hebrew	עִבְרִית
university	אוּנִיבֶרְסִיטָה
Jerusalem	יְרוּשָׁלַיִם
Israel	יִשְׂרָאֵל
sukkah	סֻכָּה
very	מְאֹד
the	הַ..., הָ...

PREPOSITIONS

to	אֶל
from	מִן, מ...
in	בְּ...
on	עַל
with	עִם
of (belongs to)	שֶׁל
before	לִפְנֵי